BEI GRIN MACHT SICH IHR WISSEN BEZAHLT

AF137011

- Wir veröffentlichen Ihre Hausarbeit,
  Bachelor- und Masterarbeit

- Ihr eigenes eBook und Buch -
  weltweit in allen wichtigen Shops

- Verdienen Sie an jedem Verkauf

Jetzt bei www.GRIN.com hochladen und kostenlos publizieren

GRIN

Einführung in die Persönlichkeitspsychologie. Anhand der klassischen Gütekriterien für Persönlichkeitstests und dem Fünf-Faktoren-Modell

Kusum Sooriyabandara

Bibliografische Information der Deutschen Nationalbibliothek:

Die Deutsche Nationalbibliothek verzeichnet diese Publikation in der Deutschen Nationalbibliografie; detaillierte bibliografische Daten sind im Internet über http://dnb.d-nb.de abrufbar.

ISBN: 9783346588203
Dieses Buch ist auch als E-Book erhältlich.

Druck und Bindung: Books on Demand GmbH, Norderstedt Germany
Gedruckt auf säurefreiem Papier aus verantwortungsvollen Quellen

Das vorliegende Werk wurde sorgfältig erarbeitet. Dennoch übernehmen Autoren und Verlag für die Richtigkeit von Angaben, Hinweisen, Links und Ratschlägen sowie eventuelle Druckfehler keine Haftung.

Das Buch bei GRIN: https://www.grin.com/document/1170916

Einsendeaufgabe

Persönlichkeitspsychologie

Modul: Persönlichkeitspsychologie

Alternative B

Abgeben am 14.01.2022 im Prüfungssekretariat

SRH Fernhochschule – The Mobile University

Kusum Sooriyabandara

Inhaltsverzeichnis

Abkürzungsverzeichnis

BDP:- Berufs- und Fachverband Deutscher Psychologinnen und Psychologen

DGPs:- Deutschen Gesellschaft für Psychologie

ADHS:- Die Aufmerksamkeitsdefizit-/Hyperaktivitätsstörung

ICD:- Die Abkürzung ICD steht für "International Statistical Classification of Diseases and Related Health Problems", die Ziffer 10 bezeichnet die 10. Revision der Klassifikation.

DBT:- Dialektisch behaviorale Therapie, Hirnaktivität für emotionale Bearbeitung

WHO:- Weltgesundheitsorganisation

VUKA:- beschreibt unsere heutige Wirtschaftssituation. Das Akronym setzt sich aus den Begriffen Volatility, Uncertainty, Complexity und Ambiguity zusammen.

BGF:- Betreibliche Gesundheitfördeung

BGM:- Betriebliche Gesundheitsmanagement

Abbildungsverzeichnis

Tabellenverzeichnis

Alternative B

Aufgabe 1

1.1. Die klassischen Gütekriterien für Persönlichkeitstests.

Es gibt viele Kriterien für Testverfahren. Für die psychologischen Diagnostiken sollten verschiedene wissenschaftliche Gütekriterien beachtet werden. Persönlichkeitsmerkmale und Kompetenzen zu bewerten und Qualität der psychologischen Konstrukte zu messen wurden im Rahmen der Klassischen Testtheorie entwickelt.[1] Dies sind Objektivität Reliabilität (Zuverlässigkeit) und Validität (Gültigkeit). Psychologische Tests sollten neutrale und objektivierbare Aufschlüsse liefern. Zudem möchte man in einer kurzen Bearbeitungszeit möglichst viele Informationen über die getestete Person erhalten. Dies zu gewährleisten ist eine große Herausforderung. Nicht nur im Bereich psychologische Persönlichkeitstests, auch die anwaltliche Einschätzung zu erleichtern, werden diese Kritereien oft angewendet[21]

Der Berufsverband Deutscher Psychologinnen und Psychologen (BDP) hat gemeinsam mit der Deutschen Gesellschaft für Psychologie (DGPs) im Ausschuss des Deutschen Instituts für Normung 2002 die Norm 33430[2] für berufsbezogene Eignungsbeurteilungen entwickelt. Auch die DIN-Norm 33430 spielt wichtige Rolle, um Testverfahren zu verbessern.

1.1.1. Objektivität

Objektivität[1] bedeutet, dass der Test nicht in Abhängigkeit von Personen, Ort oder Zeit interpretiert wird. Die Ergebnisse dürfen nicht beeinflusst werden. Bei einem psychologischen Test müssen Durchführung, Auswertung und Interpretation objektiv und nachvollziehbar sein. Die Vorschriften sollten geklärt sein. Der gesamte Testablauf muss standardisiert ablaufen.

---

[1] Handbuch der Rechtspsychologie, Renate Vollbert; Max Steller; 2008. S.15.16

[2] Persönlichkeitstests unter der Lupe - Deutsche Gesellschaft/ D.Eisele/10/2010- https://www.dgfp.de – S.9

1.1.2. Reliabilität

Die Reliabilität bedeutet, die Genauigkeit und die Zuverlässigkeit zu messen, mit der ein Test eine bestimmte Eigenschaft bestimmt. Der Test sollte, auch bei wiederholter Durchführung zu dem gleichen Ergebnis führen. Hier ist die innere Konsistenz des Tests bedeutsam. Die Eigenschaften sollten stabil sein, damit die genaue Messung durchgeführt wird. In der Praxis gibt es Testwiederholungen, Testhalbierungen oder Paralleltests. Diese werden durch Reliabilität nachgewiesen. Die Bestimmung der Reliabilität in Persönlichkeitstests erfolgt meist durch die Analyse der internen Korrelation.

1.1.3. Validität

Die Validität ist das wichtigste Gütekriterium. Es bedeutet Gültigkeit. Durch ein Testverfahren werden alle Merkmale tatsächlich abgemessen oder überprüft, Beispielsweise: „Wie misst man den Customoer Satisfaction Score?" [3] . Es gibt ein Produkt X. Die Validität wird als r bezeichnet. Validitäten von r = 0.3 werden als zufriedenstellend, über r = 0.5 als sehr zufriedenstellend eingestuften. Dem zu folge liegt eine gute bis sehr gute Validität bei ($r \geq = 0.3$).[1]

Hier stehen verschiedene Methoden zur Bestimmung der Validität zur Verfügung. Man unterscheidet zwischen Inhaltsvalidität, Konstruktvalidität und Kriteriumsvalidität. Inhaltsvalidität bedeutet, die inhaltliche Gültigkeit vollständig zu erfassen. Hierzu gehören z.B. +, -, x und %. Diese mathematischen Vorgaben ergeben die Messungen.

Es ist jedoch nicht leicht, da theoretische Aspekte nach einzelnen Aspekten vollständig und erschöpfend erfasst werden müssen. Konstruktvalidität bedeutet, dass die messenden Konstrukte des Tests die theoretischen Vorstellungen erfüllen, wie es die Theorie zum gemessenen Merkmal voraussagt. Sie wird als große Sammlung aus Kriteriumsvaliditäten betrachtet, denn Konstruktvalidität wird nicht durch einzelne Untersuchungen bestätigt,

---

[3] Kundenzufriedenheit:_

sondern wird jahrelange verwendet. Deswegen erscheint diese Art der Validität als sehr geeignet zur Bildung von Hypothesen . So ist beispielbeispielsweise die Streitempfindlichkeit bei Kinderlosepaare kinderlosen Paaren größer als bei Paaren mit den Kindern. Bei der Kriteriumsvalidität resultiert das Testergebnis aus Außenkriterien . Es besteht eine Korrelation zwischen den Testergebnissen und den Kriteriumswerten[1].

Hierzu ist ein Beispiel die Validierung eines Fragebogens zur Aggressivität. Der Fragebogen wird anhand von zwei Stichproben überprüft. Dies sind Strafgefangene und nicht eingesperrte Personen. Damit könnte festgestellten werden, dass das Ergebnis mit Messungen eines korrespondierten Außenkriteriums übereinstimmt. Die Grundrecheneart der Multiplikation ist leicht mathematisch zu lösen. Aber bei psychologische Konstrukte sind meistens unscharf und daher kritisch zu betrachten, weil man dabei allen wichtigsten Aspekten vollständig bearbeitet werden müssen. Nach der Theorie der Big Five 3 wird muss Gewissenhaftigkeit nach allen Subskalen erfasst werden d. h. Kompetenz, Ordnungsliebe, Pflichtbewusstsein,

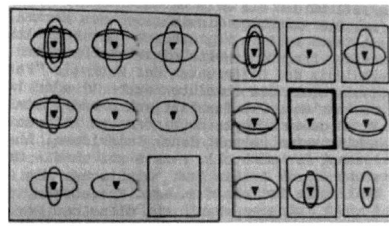

Leistungsstreben, Selbstdisziplin und Besonnenheit. Das Papier, und Strom sind nicht mehr günstig Die Bearbeitung kostet es viel Zeit. Deswegen werden die Auswertungs-, Interpretations- und Aussagemöglichkeiten sehr teuer sein. Nicht nur die Kosten, sondern auch der große Zeitaufwand sind einsichtbares Problem bei Testverfahren.

Abbildung1. Progressive Matrix nach Ravens[4]

Es gibt verschiedene Kritik an Gütekriterien. Progressive Matrix nach Ravens sind sprachfreie Multiple-Choice-Intelligenztests (Abbildung 1). Sie erfassen die kognitiven Fähigkeiten einer Person und wurden ursprünglich 1936 von John C. Raven entwickelt.

Es gibt das erste Problem der psychologischen Messung: Die Intervallskalenqualität der Daten ist schwer nachzuweisen, sie wird im Allgemeinen einfach unterstellt, ist aber nicht gerechtfertigt. Es zeigt sich ein zweites Problem bei der Wiederholung des Intelligenztests. Es konnte sein, dass im Allgemeinen ein anderes Ergebnis herauskommt als beim ersten Mal. Das kann daran liegen, dass die zu messenden Eigenschaften sich in dem Zeitraum bis zur zweiten

[4] Persönlichkeit, Eine kritische Einführung. Dirk Revenstorf. Rötter- Verlag München 1982. S.161.

Messung verändert haben. Dies kann auf mangelhafte Messgenauigkeit zurückgeführt werden. Es gibt verschiedene Methoden, um die Persönlichkeitsmerkmale zu beurteilen. Sehr geeignet dafür sind Fragebogen, Skalen und die Standardmessung. Für das Thema Neurotizismus wäre beispielsweise ein –Extraversionsfragebogen passend. Hiermit Mit diesem werden die Sachverhalte richtig detailliert beobachtet. Soll die Zufriedenheit der Mitarbeiter in einer Firma gemessen werden, müssen sowohl eine Selbstbeurteilung und als auch eine Fremdbeurteilung durchgeführt werden. Aber Der Test sollte objektiv sein, subjektive Eindrücke und persönliche Interessen sollten vermeiden vermieden werden. Die Beurteilungen können entweder pauschal oder denteliert sein.

1.2 Boderline Persönlichkeitsstörung

"Heute Freund, morgen Feind"' Menschen mit der Borderline- Persönlichkeitsstörung leiden unter ihrer instabilen Gefühlswelt. Es handelt sich um eine psychische Erkrankung, die typisch ist. für impulsive, rasch ihre Stimmungs wechselnde Menschen. Sie haben eine gestörte Selbstwahrnehmung. Aus diesem diesem Grund haben solche Menschen oft ein selbstschädigendes Verhalten, innere Leere und auch die Angst vor dem Verlassen werden. Der Borderline-Typ hat massive Schwierigkeiten, stabile zwischenmenschliche Beziehungen aufzubauen. Dadurch stehen die Betroffenen unter Druck . Innerhalb von Minutenwechseln sie ihr Selbstbild von kompletter Selbstüberschätzung zur totalen Selbstunsicherheit. Es sind bestimmte Vorgänge in den Bereichen Gefühle, Denken und Handeln beeinträchtigt.

Hierzu gehören auch andere psychische Krankheitsbilder wie Depression, ADHS, posttraumatische Belastungsstörung wie auch Substanzmissbrauch und Essstörungen. Allen Persönlichkeitsstörungen gemeinsam ist, dass die Symptome bereits in jungen Jahren erschienen. Nach ICD- 10 unterscheidet sich die emotional instabile Persönlichkeitsstörung, in den ein Borderline-Typ und den impulsiver impulsiven Typ. Die diagnostischen und Interview-s Checklisten des DSM-IV und der ICD- 10 werden meist für Jugendliche angewandt.(Handbuch der Borderline-Störungen.2.Auflage)

Ursprünglich sind die Persönlichkeitsstörungen nach dem Prinzip der Analysierbarkeit klassifiziert. Neurotische Personen werden als analysierbar und somit als behandelbar angesehen. Menschen mit Psychosen dagegen als nicht analysierbar. Die Bezeichnung '"Borderline" bezog sich in diesem Sinne auf die unscharfe und nicht definierte Grenzlinie zwischen Neurose und Psychose. Dabei konnten bei den betroffenen Patienten Symptome auf aus die beiden Bereichen identifiziert werden. (Handbuch der Borderline-Störungen.2.Auflage)

1.2.1. Diagnostische Verfahren für die Borderline-Persönlichkeitsstörung

Menschen mit Persönlichkeitsstörung haben kein Bewusstsein für ihre Erkrankung. Daher ist es oftmals schwierig, die betroffene Person von der notwendigen Untersuchung oder passender Therapie zu überzeugen. Aus diesem diesem Grund werden bei der Diagnostik Selbstbeurteilungsfragebögen, mündliche Interviews, strukturierte Gespräche und Skalen angewandt. Die Fremdanamnese spielt auch eine große Rolle, d. h., . Die Fremdanamnese bedeutet, die Angaben von Menschen aus der Umgebung des Betroffenen. So wird beispielsweise eine Fragestellung mit Anamnese durch Familienangehörige, den Partner, enge Freunde oder Kollegen stattfinden.

Auf der anderen Seite ist die klinische Diagnostik sehr wichtig. Dabei erfolgen weitere Abklärungen. Es ist sehr wichtig, Faktoren wie Drogen- und Alkoholkonsum oder neurologische Ursachen und frühkindliche Hirnschädigungen .Es gibt keinen einzelnen Test, der die Diagnose Borderline- Persönlichkeitsstörung beweisen könnte. Deswegen verwendet man verschiedene Testmethoden.

Für die diagnostische Borderline- Persönlichkeitsstörung wird die posttraumatische Belastungsstörung berücksichtigt. „Die positive Erfahrung führt zu einer gesunden Entwicklung des Frontalhirns. Die negative Erfahrung führt zur Hyperaktivität, im Extremfall sogar zur Schädigung des limbischen Kreislaufs". (Handbuch der Borderline-Störungen, 2. Auflage). Die Diagnose von Persönlichkeitsstörungen stellt hohe Anforderungen. Die Symptome von Persönlichkeitsstörungen sind nicht genau beobachtbar, weil die Betroffenen sehr stark an das Erleben ihres selbstSelbst sowie ihrer Beziehungen gebunden sind. Die Symptome lässt sich nicht als ein Problem oder eine Krankheit wahrnehmen. Deswegen sind Borderline- Typen schon in der diagnostischen Erkennungsphase schwieriger, als dies bei anderen Persönlichkeitsstörungen der Fall ist. Darüber hinaus stellt die Testpsychologie einen wichtigen diagnostischen Baustein dar.

DBT- Therapie für Borderline- Patienten.

DBT [5]bedeutet dialektisch-behaviorale- Therapie. Die Therapie ist ein wichtiges Verfahren, um Borderline- Patienten zu behandeln. Für Patienten, die zur Selbst- oder Fremdgefährdung neigen, wird diese Therapie angesetzt. Mit ihr wird die Borderline- Skala verbessert.Hierbei wird eine Schmerz- Skala je nach suizidaler Emotion angewandt.

---

[5] DBT – dialektisch-behaviorale Therapie. Hirnaktivität für emotionale Bearbeitung/neurobiologische Therapie. Christian Schmahl. Interaktion von Neurobiologie und Psychotherapie bei Bordeline – Störung. IKTTP19-V17C Vortrag 11. Internationaler Kongress über Theorie und Therapie von Persönlichkeitsstörung. 5.-7. Juli 2019 München. info@auditorium-netzwerke.de;

Aufgabe 2

2. Definition Gesundheit

Der Begriff *Gesundheit* ist ein zentrales Thema, das verschiedene Aspekte des alltäglichen Lebens. Die körperliche und geistige Gesundheit spielt in der Berufswelt eine sehr große Rolle. Gesundheit wird vielfältig interpretiert und definiert. Im Jahr 1946 definierte die Weltgesundheitsorganisation (WHO) den Begriff erstmals:

„Ein Zustand des völlig körperlichen, psychischen und sozialen Wohlbefindens und nicht nur das Freisein von Krankheit und Gebrechen."[6]

„…die physisch und geistig-seelischen Faktoren, die sich auf die Gesundheit auswirken und die in unmittelbarem Zusammenhang mit der Sicherheit und der Gesundheit bei der Arbeit stehen."

Tabelle 1: Gesundheitsressourcen

Ressourcenkategorien	Gesundheitsressourcen
Personal-psychisch	Persönlichkeitsmerkmale: Kontrollüberzeugung, Selbstwirksamkeitswartung, Optimismus, Gesundheitswissen, Intelligenz, Widerstandsfähigkeit, Selbstwertgefühl, Ich-Identität. Handlungskompetenzen: Copingstrategien (Bewältigungsstrategien), soziale Kompetenzen, präventive Lebensorientierung
Sozial-interpersonal	Soziale Unterstützung: Soziale Netzwerke, Vertrauensbeziehungen.
Körperlich-institutionell	Immunkompetenz: Stabilität der vegetativen/ kardiovaskulären Systeme, körperliche Fitness, Körpergefühl

---

[6] Gesunde Führung in der VUKA-Welt, Orientierung, Entwicklung und Umsetzung in die Praxis. Ruth Maria Sarica. 1. Auflage, 2020. S. 28.

Soziokulturell	Kulturelle Stabilität: religiöse/philosophische Überzeugungen
Materiell	Vermögen, Güter u. a.

Quelle: Gesunde Führung in der VUKA-Welt

Hier lässt sich Gesundheit als Wohlbefinden interpretieren. Gesundheit bedeutet, nicht krank zu sein. Wer krank ist, findet kein Wohlbefinden. Menschen haben viele Möglichkeiten, gesund zu werden und ein gesundes Leben zu führen. Es gibt viele Hobbys, Sportarten und Therapiemöglichkeiten. Gesundheit ist ein Kontinuum. Um Risikofaktoren zu besiegen, müssen verschiedene Ressourcen angewandt werden.

Die Tabelle zeigt in fünf Kategorien gebundene Ressourcen, die genutzt werden können. Persönlichkeitsmerkmale und Handlungskompetenzen sind sehr bedeutsam, um das Personal zielorientiert zu manifestieren. Dazu gehören die Widerstandfähigkeit, das Selbstwertgefühl, die Ich-Identität, soziale Kompetenzen, eine präventive Lebensorientierung usw. Um ein sozial-interpersonal korrespondiertes Leben zu führen, sind Freunde und die soziale Integration sehr bedeutsam. Unter Immunkompetenz versteht man die körperliche Balance durch sportliche Betätigung. Kulturelle Stabilität resultiert aus einer religiös-seelischen Balance. Zuletzt wird der materielle Aspekt betrachtet, der das Wohlbefinden noch verstärken kann.

Zwei wichtige Gesundheitsbegriffe sind die Betriebliche Gesundheitsförderung[7] (BGF) und das Betriebliche Gesundheitsmanagement (BGM).

BGF: Die Möglichkeit der Selbstentfaltung wird durch Persönlichkeitsentwicklung als Wohlbefinden betrachtet. Die BGF zielt dabei auf arbeitswissenschaftliche Erkenntnisse. Arbeit wird nicht nur als Belastung angesehen. Es gibt zahlreiche Präventionsmaßnahmen und gesundheitsfördernde Perspektiven. Damit steigen die Entwicklung und Stärkung der Mitarbeiter im Unternehmen.

BGM: Aufgabe des Betrieblichen Gesundheitsmanagements ist es, verschiedene gesundheitsbezogene Maßnahmen in einem Unternehmen durchzuführen. Durch organisierte Aufgabenverteilung werden die Strategien und dementsprechend spezifische Strukturen und Prozesse erarbeitet. Die Handlungsfelder[7] der BGM sind:

- Arbeits- und Gesundheitsschutz
- Betriebliches Eingliederungsmanagement (BEM)
- Gesundheitsförderung (Verhalten und Verhaltensorientierung).

2.1 Salutogenese Modell und gesunde Führung

Aaron Antonovsky war ein amerikanisch-israelischer Medizinsoziologe. Er hat die Theorie ‚Salutogenese' entwickelt (lat. *salus* = gesund; griech. *Genese* = Entstehung). Das Modell der Salutogenese wurde von Antonovsky in seinen Hauptwerken „Health, Stress and Coping: New Perspectives on mental and physical well-being" (1979), und „Unraveling the Mystery of Health. How People manage stress and stay well" (1987, San Francisco, Jossey-Bass) veröffentlicht. Salutogenese bedeutet Gesundheits-Entstehung. Während des Zweiten Weltkriegs waren auch viele Frauen in Konzentrationslagern. Sie hatten ein sehr schwieriges Leben, konnten aber überleben. Sie waren in der Lage, gesund zu werden und gesund zu leben. Antonovsky fand heraus, dass die Menschen einerseits die Selbstverantwortung und andererseits die Mitverantwortung tragen können, um gesund zu werden. Seine Forschung zeigte, dass die Menschen Gesundheit und Krankheit immer gleichzeitig erleben und dazu fähig sind, Krankheiten zu besiegen. Nach Antonovsky sind Gesundheit und Krankheit als Pole auf einem Kontinuum zu betrachten, und dadurch können die Menschen Wohlbefinden erreichen. Des Weiteren erläutert er den Kohärenzsinn. (Betriebliches Gesundheitsmanagement und Führung, Karin Struhs, Springer Verlag/2017/S. 19)

Sense of Coherence (SOC)[7] wurde in deutschsprachigen Veröffentlichungen als Kohärenzsinn, Kohärenzerleben, Kohärenzgefühl oder Kohärenzempfinden dargestellt. Es gibt drei Aspekte des Kohärenzsinns:

1. Verstehbarkeit
2. Handhabbarkeit
3. Bedeutsamkeit

Verstehbarkeit bedeutet, die Anforderungen des Lebens sind strukturiert, vorhersagbar und erklärbar. Menschen nehmen ihre Innenwelt und Außenwelt wahr. Plötzlich auftretende Veränderungen wie Krieg oder der Tod eines nahestehenden Menschen werden irgendwie angenommen und mit bestehenden Ressourcen verarbeitet. Antonovsky hat mit Verstehbarkeit eine kognitives Verarbeitungsmuster angedeutet.

Handhabbarkeit besagt, dass die Ressourcen, um der Anforderungen gerecht werden zu können, vorhanden sind und genutzt werden können. Menschen haben Ressourcen, wie z. B.

Familie, Freunde oder soziale Kontakte. Dadurch können die Probleme oder Schwierigkeiten überwunden werden.[7]

Bedeutsamkeit meint, „es lohnt sich", die Anforderungen als Herausforderung anzunehmen und zu bewältigen. Alle Ausprägungen sind wichtig für die Entwicklung des Kohärenzgefühls. Wenn die Menschen keinen Sinn in ihrem Arbeitsleben sehen, können sie sich auf Dauer nicht gesund entwickeln.

2.2. Kohärenzsinn bei der Mitarbeiterführung

Die meisten Wissenschaftler haben zumindest den Anspruch, die Gesundheitsförderung intensiv zu erforschen, um im Arbeitsalltag bessere Resultate zu generieren. Mitarbeiterzufriedenheit ist einer der wichtigsten Aspekte, damit die Führungskräfte viel erreichen können. Die gesunde Führung ist ein bedeutsamer Teil des sozialen Handelns.

Durch die oben genannten Studien wurde gezeigt, dass Menschen mit einem ausgeprägten Kohärenzgefühl erfolgreicher mit schwierigen Situationen umgehen können. Gesund führend bedeutet entsprechend, dass die Führungskraft darauf achten sollte, dass die Mitarbeiter ein Gefühl der Verständlichkeit, der Handhabbarkeit und der Sinnhaftigkeit entwickeln können.

„Wer Menschen nicht lieben kann, ist unfähig, sie zu führen." Dieses Zitat stammt vom dem ehemaligen Burda-Manager Karlheinz Binder [7]. Die Aspekte wie Verstehbarkeit und Handhabbarkeit werden aufgrund von verschiedenen Lebensabschnitten und Erfahrungen geprägt. Sinnhaftigkeit spielt eine bedeutende Rolle im Arbeitsleben. Die Menschen haben Gefühle, Bedürfnisse, Wünsche und Träume, Sehnsüchte nach einer Familie oder als Single etc. Deshalb möchten die Mitarbeiter nicht nur als Funktionsträger und Ausübende gesehen werden. Wenn die Führungskräfte mangelnde Empathie gegenüber ihren Mitarbeitern haben oder ihnen dies aufgrund ihres immer gleichen Verhaltens unterstellt wird, resultiert daraus ein psychosoziales Defizit. Ein Beispiel dafür ist, wenn ein Mitarbeiter nach einer Krankheit zurück ins Unternehmen kommt und die Führungskraft ihn fragt „Wie geht es Ihnen?". Dabei entsteht ein Gefühl der Verbundenheit und Zugehörigkeit. Dies führt zu einem Kohärenzgefühl. Gleichzeitig besteht die Gefahr der Bedeutungslosigkeit des Verhaltens, z. B. wenn der Mitarbeiter in Wahrheit nicht krank war. Durch die Selbstwerterhöhung und die Unlustvermeidung können die Führungskräfte die fehlende Erfüllung der Mitarbeiter steigern.

---

[7] Controlling & Business Analytics, Timo Mauerer. 1 Auflage 2020 Baden, Baden / S. 37.

Aufgabe 3

3.1. Das Fünf-Faktoren-Modell

Mitte der 1980er Jahre wurde von den US-amerikanischer Forschern Paul Costa und Robert McCrea die sogenannten *Big Five*[8] (1992) als das etablierteste und am weitgehendsten akzeptierten Modell der Persönlichkeit entwickelt. 1985 wurden sie als *Fünf-Faktoren-Inventar* (NEO Personality Inventory, (NEO PI)) zur Messung dieser fünf Dimensionen veröffentlicht. Heutzutage ist es das Referenzmodell für Persönlichkeitsbeschreibung. Das Modell enthält die fünf abstrakten Dimensionen Extraversion, Verträglichkeit, Gewissenhaftigkeit, Offenheit und Neurotizismus. Es gibt zahlreiche etablierte Verfahren zur Erfassung der Big Five. Der wohl bekannteste und umfassendste Fragebogen ist der 16-Persönlichkeits-Faktoren-Test (16PF).[9] Der 16-Persönlichkeits-Faktoren-Test (16PF) wurde in den 1950er Jahren von Raymond Cattell, Maurice Tatsuoka und Herbert Eber entwickelt. Damit ist dies der erste moderne Fragebogen, der einen umfassenden Einblick in die Persönlichkeit eines Menschen bietet. Er basiert auf einer Faktoranalyse von 16 primären Charaktereigenschaften im Zusammenspiel mit den fünf sekundären Big-Five-Eigenschaften

Die sechs Facetten der Gewissenhaftigkeit[10] sind Kompetenz, Ordnungsliebe, Pflichtbewusstsein, Leistungsstreben, Selbstdisziplin und Besonnenheit. Je höher der Wert der Facette ist, desto höher die Selbstdisziplin. Die dispositionelle Neigung zu negativem Affekt kann als Neurotizismus bezeichnet werden. Dabei zeigt sich die Neigung zu einem positiven Affekt zu den Kernelementen der Extraversion. Ängstlichkeit, Reizbarkeit, Depression, soziale Befangenheit, Impulsivität und Verletzlichkeit sind die Facetten der Neurotizismus. Herzlichkeit, Geselligkeit, Durchsetzungsfähigkeit, Aktivität, Erlebnissuche und positive Emotionen sind Facetten der Extraversion. Eine Person mit hohen Werten bei Offenheit für Erfahrungen ist experimentfreudig, fantasievoll, neugierig und aufgeschlossen. Personen mit niedrigen Werten bei Offenheit für Erfahrungen probieren nicht gern Neues aus Verträglichkeit ist eines der fünf Persönlichkeitsmerkmale des Big-Five-

---

[8] Persönlichkeitsmodelle und Persönlichkeitstests, Walter Simon, 2004 Gabal-Verlag GmbH, S. 114.

[9] Der 16-Persönlichkeits-Faktoren-Test (16) /Testmanual, Klaus A. Schneewind, Gundo Schröder, Raymond B. Cattell, Zweite berichtige und ergänzte Auflage, Verlag Hans Huber Bern Stuttgart Toronto 1986, S. 41.

[10] Differentielle Psychologie-Persönlichkeitsforschung, Hannelore Weber, Thomas Rammsayer, Hogrefe Verlag GmbH 2012, S. 132, 163.

Persönlichkeitsmodells. Die Personen mit Verträglichkeit sind freundlich, großzügig, harmoniebedürftig und für Teamwork gut geeignet.

Hier werden verschiedene Kritikpunkte[11] der Big-Five-Modelle betrachtet. Die erste Kritik handelt sich darum, ob es wirklich fünf Faktoren sind. Das Modell ist deskriptiv, es stellt keine Theorie dar, sondern beschreibt nur. Die Divergenz (Abweichungen) zwischen Alltag und Wissenschaft ergibt die analoge Übertragung. Die menschlichen Eigenschaften sind zu 50 % genetisch bedingt.

Das Big-Five-Modell besteht aus nur fünf Merkmalen. Mit 12 000 Teilnehmern wurde diese Studie im Jahr 2005 in 50 Ländern auf allen Kontinenten durchgeführt. An der Universität von Kalifornien in Santa Barbara wurden anhand von Big-Five-Fragebogen 600 Personen des indigenen Tsimane-Volkes in Bolivien befragt. Diese Bevölkerung waren Jäger, Sammler und Bauern. Die Ergebnisse haben gezeigt, dass Offenheit für neue Erfahrungen kein wichtiger Aspekt war. Im Alltagsleben ergab sich die Priorität für die soziale Nützlichkeit. Im Jahr 2012 wurde diese Studie auch in China und Südafrika durchgeführt. Die älteren Studien zum Big-Five-Modell wurden nur in Industrieländern fokussiert. Dabei wurde die Divergenz[12] zwischen Alltag und Wissenschaft nicht deutlich erläutert. Als ein gutes Ausgangsmodell kann das Big-Five-Modell zukünftig vermutlich modifiziert werden.

3.2. Personalauswahl nach dem Big-Five-Modell

Die Big-Five-Modelle können bei der Erledigung der Aufgaben für die berufliche Leistung angewendet werden, die Mitarbeiter können die Anforderung erfüllen. Das Modell wird zur Problembewältigung als Ressource angewandt. Es dient als Beziehung für das Verständnis zwischen beruflicher Leistung und Persönlichkeit und wurde durch die Metastudie[13] von Salgado 2003 durchgeführt. Dabei wurden folgende Ergebnisse[14] herausgefunden.

In Bezug auf Gewissenhaftigkeit und niedrig ausgeprägten Neurotizismus zeigt sich eine konsistente Beziehung zur beruflichen Leistung.

---

[11] https://karrierebibel.de/big-five/.karrierebibel.de / Big-Five-Persönlichkeit bestimmt, Jochen Mai, zuletzt aktualisiert 23.02.2021.

[12] Divergenz- das Auseinanderstreben, Auseinandergehen von Meinungen und Zielen.

[13] Salgado, J. F.: 2003, zitiert nach Maltby et al.: 2011, S. 728.

[14] Praxisfelder der differentiellen und Persönlichkeitspsychologie. S. 79.

Die prädiktive Kraft der Gewissenhaftigkeit ist höher als der niedrig ausgeprägte Neurotizismus.

Hinsichtlich Offenheit für Erfahrungen, Verträglichkeit und Extraversion ließen sich nur gelegentlich Zusammenhänge aufdecken, sodass sich kein einheitliches Berufsbild ableiten lässt.

Im Rahmen der Personalauswahl wird das Big-Five-Modell auch OCEAN-Modell genannt. Zwischen Persönlichkeitseigenschaften und Berufsinteressen gibt es deutliche Zusammenhänge. Daher lässt sich das Big-Five-Modell als Ratingskala zur Selbst- oder Bekanntenbeurteilung anwenden.

3.3. Einschätzung für die Auswahl von Juristen:innen

Die Persönlichkeitsforschung im Strafvollzug in den juristischen Verfahren spielt eine wichtige Rolle und ist sehr vielfältig. Die differenziale Psychologie, die moderne Wissenschaft, die Soziologie und pädagogischen Aspekte lassen sich damit weiterhin einbeziehen. Um das Persönlichkeitsbild des jeweiligen Rechtsbrechers zu untersuchen, werden verschiedene Methoden angewandt. Aus diesem Grund werden die Charaktereigenschaften des Big-Five-Modells betrachtet.

Hier werden Extraversion und Neurotizismus diskutiert. Die Menschen mit niedriger Ausprägung sind introvertiert. Sie sind zurückhaltend, ruhig und bedachtsam. Sie bevorzugen es, allein zu sein. Sie sind dabei nicht unglücklich oder pessimistisch. Die Menschen mit hoher Ausprägung von Neurotizismus sind empfindlich, verärgert, traurig, reizbar, ängstlich und verletzlich. Aber der introvertierte Menschentyp lebt vorwiegend nach innen, neigt zur Selbstbeobachtung und kapselt sich von seiner Umgebung ab.

Extravertierte Personen leben nach außen und wenden sich ganz unmittelbar ihrer Umwelt zu. Sie haben eine hohe Reaktionstendenz und Reizbelastung. Daraus ergibt sich eine paradoxe Wirkung zwischen extravertiertem und introvertiertem Verhalten. Eyseneck[15] diskutierte und wies experimentell nach, dass Introversion und Extraversion verschiedene Ausprägungsgrade spiegeln. Es besteht eine hohe Wahrscheinlichkeit, dass die extrovertierten Typen Rechtsbrecher werden. Sie reagieren sehr viel schneller auf äußere Umweltreize.

---

[15] Die Persönlichkeitsforschung des inhaftierten Rechtsbrechers, H. P. Grossman, Ferdinand Enke Verlag, Stuttgart 1972. S. 23, 24, 29.

Dementsprechend agieren die extrovertierten Menschen schneller, um ihre Bedürfnisse zu erfüllen.

Wer die Lebensgeschichte von Rechtsbrechern untersucht, findet eine hohe Aggressivität heraus. Der Naturforscher Konrad Lorenz[16] betrachtete die Aggression als ein biologisch verwurzeltes, in der kollektiven Erbmasse der Menschlichkeit begründetes Naturphänomen. Laut Eyseneck[17] wirken die Gene nicht direkt auf die Persönlichkeit, sondern vermittelt über physiologische Prozesse, die für die einzelnen Dimensionen postuliert werden. Daraufhin begründete Eyseneck eine Erklärung für die Entstehung der habituellen Kriminalität. Kriminelles Verhalten entsteht dadurch, dass entweder ungünstige Sozialisationsbedingungen herrschen, z. B. eine inkonsistente Erziehung der Eltern oder dass die Person weniger konditionierbar ist und deshalb schlechten normkonformen Verhalten lernt. Die generelle Vorhersage von Eyseneck ist heute differenzierungsbedürftig. Durch die Charaktereigenschaften wird die Persönlichkeitsforschung im Rahmen der Einschätzungen für die Auswahl von Juristen: innen angewandt.

---

[16] Die Persönlichkeitsforschung des inhaftierten Rechtsbrechers, H. P. Grossman, Ferdinand Enke Verlag, Stuttgart 1972. S. 31.

[17] Handbuch der Rechtspsychologie. Renate Volbert / Max Steller, Band 2008. S. 15/16.

Literaturverzeichnis

Gütekriterien Psychologische Diagnostik - Personaldiagnostik | Managementdiagnostik | Eignungsdiagnostik | Management Audit | Assessment /www.rahe-consultants.com /2021. Seite 3.

Persönlichkeit. Eine kritische Einführung. Dirk Revenstorf. Rötter Verlag München 1982. Seite 161, Progressive Matrix nach Ravens sind sprachfreie Multiple-Choice-Intelligenztests. Sie erfassen die kognitiven Fähigkeiten einer Person und wurden ursprünglich 1936 von John C. Raven entwickelt.

DBT - Mentalisierung basierte Therapie Hirn Aktivität für emotionale Bearbeitung/ neurobiologische Therapie. Christian Schmahl. Interaktion von Neurobiologie und Psychotherapie bei Bordeline – Störung. IKTTP19-V17C Vortrag 11. Internationaler Kongress über Theorie und Therapie von Persönlichkeitsstörung. 5-7 Juli 2019 München. info@auditorium–netzwerke.de

Der Einfluss eines betrieblichen Gesundheitsmanagements auf die Unternehmens Performance. – Eine Meta Analyse, Timo Maurer, 1. Auflage 2020, Nomos Verlagsgesellschaft Baden-Baden 2020. Seite 23.34

Gesunde Führung in der VUKA-Welt, Orientierung, Entwicklung und Umsetzung in die Praxis. Ruth Maria Sarica. 1. Auflage, 2020. Seite 28.

Controlling & Business Analytics, Timo Mauerer. 1 Auflage 2020 Baden, Baden / Seite 37.

Persönlichkeitsmodelle und Persönlichkeitstests, Walter Simon, 2004 Gabel Verlag GmbH, Seite 114.

Der 16-Persönlichkeits-Faktoren-Test (16) /Testmanual. Klaus A Schneewind, Gundo Schröder, Raymond B Cattell. Zweite berichtigte und ergänzte Auflage, Verlag Hans Huber Bern Stuttgart Toronto 1986, Seite 41.

Differentielle Psychologie-Persönlichkeitsforschung, Hannelore Weber, Thomas Rammsayer, Hogrefe Verlag GmbH 2012, Seite 132, 163.

https://karrierbibel.de/big-five/.karrierebibel.de / Big Five Persönlichkeit bestimmt, Jochen Mai, zuletzt aktualisiert 23.02.2021.

Salgado, J. F.:2003, zitiert nach Maltby et al. :2011, S. 728.

Praxisfelder der Differentiellen und Persönlichkeitspsychologie. Seite 79.

Die Persönlichkeitsforschung des inhaftierten Rechtsbrechers, H. P. Grossman, Ferdinand Enke Verlag, Stuttgart 1972. Seite 23, 24, 29.

Die Persönlichkeitsforschung des inhaftierten Rechtsbrechers, H. P. Grossman, Ferdinand Enke Verlag, Stuttgart 1972. Seite 31.

Handbuch der Rechtspsychologie. Renate Volbert / Max Steller, Band 2008. Seiten 15/16.